卞尺丹几乙し丹卞と

Translated Language Learning

Le Prince Hyacinthe et la Chère Petite Princesse

Prince Hyacinth and the Dear Little Princess
Jeanne-Marie Leprince de Beaumont

Français / English

Copyright © 2022 Tranzlaty
All rights reserved
Published by Tranzlaty
Le Prince Hyacinthe et la Chère Petite Princesse
Prince Hyacinth and the Dear Little Princess
ISBN: 978-1-83566-120-8
Original text by Jeanne-Marie Leprince de Beaumont
Le Prince Désir
First published in French in 1756
Taken from The Blue Fairy Book (Andrew Lang)
www.tranzlaty.com

Le Prince Hyacinthe et la Chère Petite Princesse
Prince Hyacinth and the Dear Little Princess

***

Il était une fois un roi
Once upon a time there lived a king
Ce roi était profondément amoureux d'une princesse
this king was deeply in love with a princess
mais elle ne pouvait épouser personne
but she could not marry anyone
parce qu'elle avait été enchantée
because she had been enchanted
Le roi partit donc à la recherche d'une fée.
So the King set out to seek a fairy
il a demandé comment il pourrait gagner l'amour de la princesse
he asked how he could win the Princess's love
La Fée lui dit : « Tu sais que la princesse a un grand chat.»
The Fairy said to him, "You know that the Princess has a great cat"
«Elle aime beaucoup ce chat»
"she is very fond of this cat"
«Et il y a un homme qu'elle est destinée à épouser»
"and there is a man she is destined to marry"
«Celui qui est assez intelligent pour marcher sur la queue de son chat»
"Whoever is clever enough to tread on her cat's tail"
«C'est l'homme qu'elle épousera»
"that is the man she will marry"

Il remercia la fée et partit
he thanked the fairy and left
«Cela ne devrait pas être si difficile» se dit le roi
"this should not be so difficult" the king thought to himself
Il ferait plus que marcher sur la queue du chat
he would do more than step on the cat's tail
Il était déterminé à broyer la queue du chat en poudre.
he was determined to grind the cat's tail into powder
bientôt il alla voir la princesse
soon he went to see the Princess
Bien sûr, il voulait vraiment voir le chat
of course really he wanted to see the cat
Comme d'habitude, le chat se promenait devant lui
as usual, the cat walked around in front of him
Il cambra le dos et miaula
he arched his back and miowed
Le roi fit un long pas vers le chat
The King took a long step towards the cat
et il pensait qu'il avait la queue sous le pied
and he thought he had the tail under his foot
Mais le chat a fait un mouvement soudain

but the cat made a sudden move
et le roi ne marchait que sur l'air
and the king trod on nothing but air
Cela a donc duré huit jours
so it went on for eight days
le roi commença à penser que le chat connaissait son plan
the King began to think the cat knew his plan
Sa queue n'était jamais immobile un instant
his tail was never still for a moment

Enfin, cependant, le roi avait de la chance
At last, however, the king was in luck
Il avait trouvé le chat profondément endormi
he had found the cat fast asleep
et sa queue était commodément étalée
and his tail was conveniently spread out
Le roi n'a pas perdu de temps avant d'agir
the king did not lose any time before he acted
et il a mis son pied droit sur la queue du chat
and he put his foot right on the cat's tail
Avec un cri formidable, le chat a surgi
With one terrific yell the cat sprang up
Le chat s'est instantanément transformé en un grand homme
the cat instantly changed into a tall man
il fixa ses yeux furieux sur le roi
he fixed his angry eyes upon the King
«Tu épouseras la princesse»
"You shall marry the Princess"
«Parce que vous avez pu briser l'enchantement»
"because you have been able to break the enchantment"
«mais j'aurai ma revanche»

"but I will have my revenge"
« Tu auras un fils»
"You shall have a son"
«Mais tu n'auras pas de fils heureux»
"but you will not have a happy son"
«La seule façon pour lui d'être heureux, c'est de découvrir que son nez est trop long»
"the only way he can be happy is if finds out that his nose is too long"
«Mais vous ne pouvez en parler à personne»
"but you can't tell anyone about this"
«Si tu le dis à quelqu'un, tu disparaîtras instantanément»
"if you tell anyone, you shall vanish away instantly"
« et personne ne te reverra ni n'entendra plus jamais parler de toi»
"and no one shall ever see you or hear of you again"
le roi avait peur de l'enchanteur
the King was afraid of the enchanter
Mais il ne put s'empêcher de rire de cette menace
but he could not help laughing at this threat
«Si mon fils a un nez aussi long, il est obligé de le voir»
"If my son has such a long nose, he is bound to see it"
« à moins qu'il ne soit aveugle» se dit-il
"unless he is blind" he said to himself
Mais l'enchanteur avait déjà disparu
But the enchanter had already vanished
Il n'a donc pas perdu plus de temps à réfléchir
so he did not waste any more time in thinking
au lieu de cela, il est allé chercher la princesse
instead he went to seek the Princess
et très vite elle consentit à l'épouser
and very soon she consented to marry him

Le roi n'avait cependant pas grand-chose de son mariage.
the king did not have much from his marriage, however
ils n'étaient pas mariés depuis longtemps à la mort du roi
they had not been married long when the King died
et la reine n'avait plus rien d'autre à soigner que son petit fils
and the Queen had nothing left to care for but her little son
elle l'avait appelé Hyacinthe
she had called him Hyacinth
Le petit prince avait de grands yeux bleus
The little Prince had large blue eyes
Ils étaient les plus beaux yeux du monde
they were the prettiest eyes in the world
et il avait une douce petite bouche
and he had a sweet little mouth
Mais, hélas! Son nez était énorme
but, alas! his nose was enormous
Il couvrait la moitié de son visage
it covered half his face
La reine était inconsolable quand elle vit son grand nez
The Queen was inconsolable when she saw his great nose
Ses dames ont essayé de réconforter la reine
her ladies tried to comfort the queen
«Ce n'est pas vraiment aussi grand qu'il en a l'air»
"it is not really as large as it looks"
«c'est un nez romain admirable»
"it is an admirable Roman nose"
«Tous les grands héros avaient un grand nez»
"all the great heroes had large noses"
La reine était dévouée à son bébé

The Queen was devoted to her baby
et elle était satisfaite de ce qu'ils lui ont dit
and she was pleased with what they told her
elle regarda à nouveau Hyacinthe
she looked at Hyacinth again
et son nez ne semblait plus si grand
and his nose didn't seem so large anymore
Le prince a été élevé avec beaucoup de soin
The Prince was brought up with great care
Ils ont attendu qu'il puisse parler
they waited for him to be able to speak
Et puis ils ont commencé à lui raconter toutes sortes d'histoires :
and then they started to tell him all sorts of stories:
«Ne faites pas confiance aux gens qui ont le nez court»
"don't trust people with short noses"
«Les gros nez sont un signe d'intelligence»
"big noses are a sign of intelligence"
«Les gens au nez court n'ont pas d'âme»
"short nosed people don't have a soul"
Ils ont dit tout ce qu'ils pouvaient penser pour louer son grand nez
they said anything they could think of to praise his big nose
Seuls ceux qui avaient le même nez étaient autorisés à s'approcher de lui
only those with similar noses were allowed to come near him
Les courtisans ont même tiré le nez de leurs propres bébés
the courtiers even pulled their own babies' noses
ils pensaient que cela leur donnerait la faveur de la reine.

they thought this would get them into favour with the Queen

Mais leur tirer le nez n'a pas beaucoup aidé
But pulling their noses didn't help much

Leur nez ne deviendrait pas aussi gros que celui du prince
their noses wouldn't grow as big as the prince's

Quand il est devenu sensible, il a appris l'histoire
When he grew sensible he learned history

On parlait de grands princes et de belles princesses
great princes and beautiful princesses were spoken of

et ses professeurs prenaient toujours soin de lui dire qu'ils avaient le nez long
and his teachers always took care to tell him that they had long noses

Sa chambre était suspendue avec des photos de personnes avec de très gros nez
His room was hung with pictures of people with very large noses

et le prince a grandi convaincu qu'un long nez était une chose de beauté
and the Prince grew up convinced that a long nose was a thing of beauty

Il n'aurait pas aimé avoir un nez plus court
he would not have liked to have had a shorter nose

Bientôt, le prince aurait vingt ans
soon the prince would be twenty

la reine pensa donc qu'il était temps qu'il se marie
so the Queen thought it was time that he got married

Elle a apporté plusieurs portraits des princesses pour qu'il les voie
she brought several portraits of the princesses for him to

see

et parmi les portraits se trouvait une photo de la chère petite princesse!
and among the portraits was a picture of the dear little Princess!

Il convient de mentionner qu'elle était la fille d'un grand roi
it should be mentioned that she was the daughter of a great king

Un jour, elle posséderait elle-même plusieurs royaumes.
some day she would possess several kingdoms herself

mais le prince Hyacinthe n'y pensait pas tellement
but Prince Hyacinth didn't think so much about this

Il était surtout frappé par sa beauté
he was most of all struck with her beauty

Cependant, elle avait un petit nez boutonné
however, she had a little button nose

mais c'était le plus beau nez possible
but it was was the prettiest nose possible

Les courtisans avaient pris l'habitude de rire des petits nez
the courtiers had gotten into a habit of laughing at little noses

C'était très embarrassant quand ils riaient au nez de la princesse
it was very embarrassing when they laughed at the princess' nose

Le prince n'a pas du tout apprécié cela
the prince did not appreciate this at all

Il n'y voyait pas l'humour
he failed to see the humour in it

En fait, il a banni deux de ses courtisans
in fact, he banished two of his courtiers

Parce qu'ils ont mentionné le petit nez de la princesse
because they mentioned the princess' little nose
Les autres ont pris cela comme un avertissement
The others took this as a warning
Ils ont appris à réfléchir à deux fois avant de parler
they learned to think twice before they spoke
Et ils sont même allés jusqu'à redéfinir la beauté
and they one even went so far as to redefine beauty
«Un homme n'est rien sans un gros nez gras»
"a man is nothing without a big fat nose"
«Mais la beauté d'une femme est très différente»
"but a woman's beauty is very different"

il connaissait un homme érudit qui comprenait le grec
he knew a learned man who understood Greek
apparemment la belle Cléopâtre elle-même avait un petit nez!
apparently the beautiful Cleopatra herself had a little nose!
Le Prince lui offrit un beau cadeau en récompense de la bonne nouvelle
The Prince gave him a nice present as a reward for the good news
Il envoya des ambassadeurs dans son château
he sent ambassadors to her castle
ils demandèrent à la chère petite princesse d'épouser le prince
they asked the dear little Princess to marry the prince
Le roi, son père, a donné son consentement
The King, her father, gave his consent
Le prince Hyacinthe alla immédiatement à sa rencontre
Prince Hyacinth immediately went to meet her
Il s'avança pour lui baiser la main

he advanced to kiss her hand
Mais soudain, il y eut un éclat de fumée
but suddenly there was a burst of smoke
tous ceux qui étaient là haletaient d'étonnement
all that were there gasped in astonishment
L'Enchanteur était apparu aussi soudainement qu'un éclair
the enchanter had appeared as suddenly as a flash of lightning
il s'empara de la chère petite princesse
he snatched up the dear little Princess
et il l'a fait tournoyer hors de vue!
and he whirled her away out of sight!

Le prince fut laissé tout à fait inconsolable
The Prince was left quite inconsolable
Rien ne pouvait l'inciter à retourner dans son royaume
nothing could induce him to go back to his kingdom
Il devait la retrouver
he had to find her again
mais il refusa de permettre à l'un de ses courtisans de le suivre.
but he refused to allow any of his courtiers to follow him
Il monta sur son cheval et s'éloigna tristement
he mounted his horse and rode sadly away
et il a laissé l'animal choisir quel chemin prendre
and he let the animal choose which path to take

Il a roulé jusqu'à une grande vallée
he rode all the way to a great valley
Il l'a traversé toute la journée
he rode across it all day long
Et toute la journée, il n'a pas vu une seule maison
and all day he didn't see a single house
Le cheval et le cavalier avaient terriblement faim
the horse and rider were terribly hungry
à la tombée de la nuit, le Prince aperçut une lumière
as the night fell, the Prince caught sight of a light
Il semblait briller d'une caverne
it seemed to shine from a cavern
Il est monté jusqu'à la lumière
He rode up to the light
Là, il a vu une petite vieille femme
there he saw a little old woman
elle semblait avoir au moins cent ans
she appeared to be at least a hundred years old
Elle a mis ses lunettes pour regarder le prince Hyacinthe

She put on her spectacles to look at Prince Hyacinth
Il lui a fallu beaucoup de temps avant de pouvoir obtenir ses lunettes
it was quite a long time before she could secure her spectacles
parce que son nez était très court!
because her nose was very short!
Alors quand ils se sont vus, ils ont éclaté de rire
so when they saw each other they burst into laughter
« Oh, quel drôle de nez ! » s'exclamèrent-ils en même temps.
"Oh, what a funny nose!" they exclaimed at the same time
«Ce n'est pas aussi drôle que ton nez» dit le prince Hyacinthe à la fée
"it's not as funny as your nose" said Prince Hyacinth to the Fairy
(parce qu'une fée est ce qu'elle était)
(because a fairy is what she was)
«Madame, je vous prie de laisser la considération de notre nez»
"madam, I beg you to leave the consideration of our noses"
«Même si ton nez est très drôle»
"even though your nose is very funny"
« Sois assez bon pour me donner quelque chose à manger»
"be good enough to give me something to eat"
«J'avais roulé toute la journée et je suis affamé»
"I had ridden all day and I am starving"
«Et mon pauvre cheval meurt de faim aussi»
"and my poor horse is starving too"
La fée répondit au prince
the fairy replied to the prince

«Votre nez est vraiment très ridicule»
"your nose really is very ridiculous"
«Mais tu es le fils de mon meilleur ami»
"but you are the son of my best friend"
«J'ai aimé ton père comme s'il avait été mon frère»
"I loved your father as if he had been my brother"
«Ton père avait un très beau nez!»
"your father had a very handsome nose!"
Le prince était déconcerté par ce que la fée avait dit.
the prince was baffled at what the fairy said
«Qu'est-ce qui manque à mon nez?»
"what does my nose lack?"
«Oh! il ne manque de rien» répondit la Fée
"Oh! it doesn't lack anything" replied the Fairy
«Au contraire!»
"On the contrary!"
«Il y a trop de votre nez!»
"there is too much of your nose!"
«Mais peu importe les nez»
"But never mind about noses"
«On peut être un homme très digne même si son nez est trop long»
"one can be a very worthy man despite your nose being too long"
«Je te disais que j'étais l'ami de ton père»
"I was telling you that I was your father's friend"
«Il venait souvent me voir autrefois»
"he often came to see me in the old times"
«Et vous devez savoir que j'étais très jolie à cette époque»
"and you must know that I was very pretty in those days"
«Au moins, il le disait»
"at least, he used to say so"

«La dernière fois que je l'ai vu, il y avait une conversation que nous avons eue»
"the last time I saw him there was a conversation we had"
«Je voudrais vous parler de cette conversation»
"I would like to tell you of this conversation"
«J'aimerais l'entendre» dit le prince
"I would love to hear it" said the Prince
«Mais mangeons d'abord s'il vous plaît»
"but let us please eat first"
«Je n'ai rien mangé de toute la journée»
"I have not eaten anything all day"
«Le pauvre garçon a raison» dit la fée
"The poor boy is right" said the Fairy
«Entrez, et je vous donnerai un souper»
"Come in, and I will give you some supper"
«Pendant que tu manges, je peux te raconter mon histoire»
"while you are eating I can tell you my story"
«C'est une histoire de très peu de mots»
"it is a story of very few words"
«Parce que je n'aime pas les histoires qui durent éternellement»
"because I don't like stories that go on for ever"
«Une langue trop longue est pire qu'un nez trop long»
"Too long a tongue is worse than too long a nose"
«Quand j'étais jeune, j'étais admiré pour ne pas être un grand bavard»
"when I was young I was admired for not being a great chatterer"
«Ils avaient l'habitude de dire à la reine, ma mère, que c'était ainsi»
"They used to tell the Queen, my mother, that it was so"
«tu vois ce que je suis maintenant»

"you see what I am now"
«mais j'étais la fille d'un grand roi»
"but I was the daughter of a great king"
Mon père...»
My father..."
« Ton père a eu quelque chose à manger quand il avait faim !» interrompit le prince
"Your father got something to eat when he was hungry!" interrupted the Prince
«Oh! certainement» répondit la Fée
"Oh! certainly" answered the Fairy
« Et toi aussi tu mangeras»
"and you also shall have supper too"
«Je voulais juste vous dire ...» Elle a poursuivi
"I just wanted to tell you..." she continued
«Mais je ne peux vraiment pas écouter tant que je n'ai pas mangé»
"But I really cannot listen until I have had something to eat"
le prince se fâchait
the Prince was getting quite angry
mais il se souvint qu'il ferait mieux d'être poli
but he remembered he had better be polite
il avait vraiment besoin de l'aide de la Fée
he really needed the Fairy's help
«dans le plaisir de vous écouter, je pourrais oublier ma propre faim»
"in the pleasure of listening to you I might forget my own hunger"
«Mais mon cheval ne peut pas te comprendre»
"but my horse cannot understand you"
«Il doit avoir de la nourriture!»
"he must have some food!"

La Fée fut très flattée par ce compliment
The Fairy was very much flattered by this compliment
et elle appela ses serviteurs
and she called to her servants
«Tu n'attendras pas une minute de plus»
"You shall not wait another minute"
«Vous êtes vraiment très poli»
"you really are very polite"
«Et malgré la taille énorme de votre nez, vous êtes vraiment très gentil»
"and in spite of the enormous size of your nose you are really very nice"
« Maudissez la vieille dame !» se dit le prince
"curse the old lady!" said the Prince to himself
«Elle n'arrêtera pas de parler de mon nez!»
"she won't stop going on about my nose!"
«C'est comme si mon nez avait pris toute la longueur qui lui manque!»
"it's as if my nose had taken all the length her nose lacks!"
«Si je n'avais pas si faim, je laisserais ce bavardage»
"If I were not so hungry I would leave this chatterpie"
«Elle pense même qu'elle parle très peu!»
"she even thinks she talks very little!"
«Pourquoi les gens stupides peuvent-ils ne pas voir leurs propres fautes!»
"why can stupid people not to see their own faults!"
«C'est ce qui se passe quand vous êtes une princesse»
"That is what happens when you are a princess"
«Elle a été gâtée par des flatteurs»
"she has been spoiled by flatterers"
«Ils lui ont fait croire qu'elle était une bavarde modérée!»
"they have made her believe that she is a moderate

talker!"

Pendant ce temps, les domestiques mettaient le souper sur la table
Meanwhile, the servants were putting the supper on the table
La fée leur posa mille questions
the fairy asked them a thousand questions
Le prince a trouvé cela très amusant
the prince found this very amusing
parce qu'elle voulait juste s'entendre parler
because really she just wanted to hear herself speak
Il y avait une femme de chambre que le prince a particulièrement remarquée
there was one maid the prince especially noticed
Elle trouvait toujours un moyen de louer la sagesse de sa maîtresse
she always found a way to praise her mistress's wisdom
Alors qu'il mangeait son souper, il pensa : « Je suis très content d'être venu ici.»
as he ate his supper he thought, "I'm very glad I came here"
«Cela me montre à quel point j'ai été raisonnable»
"This shows me how sensible I have been"
«Je n'ai jamais écouté les flatteurs»
"I have never listened to flatterers"
«Les gens de ce genre nous louent sans honte»
"People of that sort praise us to our faces without shame"
«Et ils cachent nos fautes»
"and they hide our faults"
«Ou ils changent nos défauts en vertus»
"or they change our faults into virtues"
« Je ne croirai jamais les gens qui me flattent»

"I will never believe people who flatter me"
«Je connais mes propres défauts, j'espère»
"I know my own defects, I hope"
Le pauvre prince Hyacinthe croyait vraiment ce qu'il disait
Poor Prince Hyacinth really believed what he said
Il ne savait pas que les gens se moquaient de lui
he didn't know that the people laughed at him
Ils ont loué son nez quand ils étaient avec lui
they praised his nose when they were with him
Mais quand il n'était pas là, ils se moquaient de son nez
but when he wasn't there, they mocked his nose
et la servante de la fée se moquait d'elle de la même façon
and the Fairy's maid were laughing at her the same way
le prince avait vu l'une des servantes rire sournoisement
the Prince had seen one of the maids laugh slyly
elle pensait pouvoir le faire sans que la Fée ne la remarque.
she thought she could do so without the Fairy noticing her
Cependant, il n'a rien dit
However, he said nothing
et sa faim commençait à être apaisée
and his hunger was beginning to be appeased
Bientôt, la fée recommença à parler
soon the fairy started speaking again
«**Mon cher Prince, pourriez-vous s'il vous plaît bouger un peu plus de cette façon**»
"My dear Prince, would you please move a little more that way"
«**Votre nez projette une très longue ombre**»
"your nose casts a very long shadow"

«Je ne peux vraiment pas voir ce que j'ai dans mon assiette»
"I really cannot see what I have on my plate"

Le prince obligea fièrement la fée
the prince proudly obliged the fairy
«**Maintenant, parlons de votre père**»
"Now let us speak of your father"
«**Quand je suis allé à sa cour, il n'était qu'un jeune homme**»
"When I went to his Court he was only a young man"
«**Mais c'était il y a quelques années**»
"but that was some years ago"
«**Je suis dans cet endroit désolé depuis**»

"I have been in this desolate place ever since"
«Dites-moi ce qui se passe aujourd'hui»
"Tell me what goes on nowadays"
«Les dames sont-elles aussi friandes d'amusement que jamais?»
"are the ladies as fond of amusement as ever?"
«À mon époque, je les voyais à des fêtes tous les jours»
"In my time I saw them at parties every day"
«Mon Dieu! Quel long nez tu as!»
"Goodness me! what a long nose you have!"
«Je ne peux pas m'y habituer!»
"I cannot get used to it!"
--S'il vous plaît, madame, dit le prince
"Please, madam" said the Prince
«J'aimerais que vous vous absteniez de mentionner mon nez»
"I wish you would refrain from mentioning my nose"
«Peu importe ce que c'est pour vous»
"It cannot matter to you what it is like"
«J'en suis assez satisfait»
"I am quite satisfied with it"
«et ne souhaitent pas qu'il soit plus court»
"and I have no wish to have a shorter nose"
« Il faut prendre ce qu'on donne»
"One must take what one is given"
--Maintenant tu es en colère contre moi, ma pauvre Jacinthe, dit la Fée
"Now you are angry with me, my poor Hyacinth" said the Fairy
«Je vous assure que je ne voulais pas vous vexer»
"I assure you that I didn't mean to vex you"
« C'est au contraire ; Je voulais vous rendre service»
"it is on the contrary; I wished to do you a service"

«Je ne peux pas empêcher ton nez d'être un choc pour moi»
"I cannot help your nose being a shock to me"
«Alors je vais essayer de ne rien dire à ce sujet»
"so I will try not to say anything about it"
«Je vais même essayer de penser que tu as un nez ordinaire»
"I will even try to think that you have an ordinary nose"
«mais je dois vous dire la vérité»
"but I must tell you the truth"
«Vous pourriez faire trois nez raisonnables de votre nez»
"you could make three reasonable noses out of your nose"
Le Prince n'avait plus faim
The Prince was no longer hungry
il était devenu impatient aux remarques continuelles de la fée sur son nez
he had grown impatient at the Fairy's continual remarks about his nose
Finalement, il sauta sur son cheval
finally he jumped back upon his horse
et il s'éloigna précipitamment
and he rode hastily away
Mais partout où il est venu dans son voyage, il pensait que les gens étaient fous
But wherever he came in his journey he thought the people were mad
parce qu'ils parlaient tous de son nez
because they all talked of his nose
et pourtant il ne pouvait se résoudre à admettre que c'était trop long
and yet he could not bring himself to admit that it was too long

Il avait l'habitude d'être toujours appelé beau
he was used to always being called handsome

La vieille fée voulait rendre le prince heureux
The old Fairy wished to make the prince happy
et enfin, elle a décidé d'un plan approprié
and at last she decided on a suitable plan
Elle a construit un palais en cristal
she built a palace made of crystal
et elle enferma la chère petite princesse dans le palais
and she shut the dear little Princess up in the palace
et elle mit ce palais là où le Prince ne manquerait pas de le trouver
and she put this palace where the Prince would not fail to find it
Sa joie de revoir la princesse était extrême
His joy at seeing the Princess again was extreme
et il se mit à travailler de toutes ses forces pour tenter de briser sa prison.
and he set to work with all his might to try to break her prison
mais malgré tous ses efforts, il échoua
but in spite of all his efforts he failed
Il désespérait de sa situation
he despaired at his situation
mais peut-être pourrait-il au moins parler à la chère petite princesse
but perhaps he could at least speak to the dear little Princess
Pendant ce temps, la princesse tendit la main
meanwhile the princess stretched out her hand
Elle tendit la main pour qu'il puisse l'embrasser
she held her hand out so that he could kiss her hand

Il tourna ses lèvres dans toutes les directions
he turned his lips in every direction
Mais il n'a jamais réussi à embrasser la main de la princesse
but he never managed to kiss the princess' hand
parce que son long nez l'empêchait toujours
because his long nose always prevented it
Pour la première fois, il réalisa à quel point son nez était long
For the first time he realized how long his nose really was
«Eh bien, il faut admettre que mon nez est trop long!»
"well, it must be admitted that my nose is too long!"
En un instant, la prison de cristal s'envola en mille éclats.
In an instant the crystal prison flew into a thousand splinters
et la vieille fée prit la chère petite princesse par la main
and the old Fairy took the dear little Princess by the hand
«Vous pouvez ne pas être d'accord avec moi, si vous voulez»
"you may disagree with me, if you like"
«Cela ne m'a pas fait beaucoup de bien de parler de ton nez!»
"it did not do much good for me to talk about your nose!"
«J'aurais pu parler de ton nez pendant des jours»
"I could have talked about your nose for days"
«Vous n'auriez jamais su à quel point c'était extraordinaire»
"you would never have found out how extraordinary it was"
«Mais ensuite, cela vous a empêché de faire ce que vous vouliez»
"but then it hindered you from doing what you wanted

to"
«Vous voyez comment l'amour de soi nous empêche de connaître nos propres défauts»
"You see how self-love keeps us from knowing our own defects"
« les défauts de l'esprit et du corps»
"the defects of the mind, and body"
«Notre raisonnement tente en vain de nous montrer nos défauts»
"Our reasoning tries in vain to show us our defects"
«Mais nous refusons de voir nos défauts»
"but we refuse to see our flaws"
«Nous ne les voyons que lorsqu'ils se mettent en travers du chemin»
"we only see them when they get in the way"
maintenant le nez du prince Hyacinthe était comme celui de tout le monde
now Prince Hyacinth's nose was just like everyone else's
Il n'a pas manqué de profiter de la leçon qu'il avait reçue
he did not fail to profit by the lesson he had received
Il épousa la chère petite princesse
He married the dear little princess
et ils vécurent heureux pour toujours
and they lived happily ever after

La fin / The End

www.ingramcontent.com/pod-product-compliance
Lightning Source LLC
Chambersburg PA
CBHW020133130526
44590CB00040B/617